Wewelsburg

Bilddokumentation

1933 - 1945

Don Lange

Wewelsburg

Bilddokumentation

1933 - 1945

Alte Ansichtskarten und Fotos

Bilddokumentationen zur Deutschen Zeitgeschichte

Impressum

© 2011
Wewelsburg – Bilddokumentation 1933 - 1945
Don Lange

ISBN: 978-1-4709-1397-7

**Nachdruck oder Vervielfältigung -auch auszugsweise-
ist nicht gestattet.**

Inhalt

In eigener Sache	6
Vorbemerkungen	7
Abkürzungen	8
Wewelsburg vor 1933	9
Freiwilliger Arbeitsdienst	13
Wewelsburg 1933 – 1945	15
Dorfgemeinschaftshaus	32
Wewelsburg und Umgebung (Kleinfotos)	35
Umgebung	41
Die Wewelsburg als Titelbild	42

In eigener Sache

Zur Ergänzung meines Privatarchivs suche ich weiterhin originale Ansichtskarten, Fotos, Dokumente, Gegenstände, usw. zum Thema Wewelsburg.

Kontakt über meine Postfach-Anschrift, bitte mit Telefon-Nr. und/oder E-Mail-Adresse.

Don Lange
Postfach 51 16
24063 Kiel

Für unverlangt eingesandtes Material kann ich keinerlei Haftung übernehmen.

Vorbemerkungen

Zweck vorliegender Veröffentlichung ist die heimatkundliche und militärhistorische Forschung.

Dieser Band hat nicht den Anspruch auf Vollständigkeit.

Das verwendete Material stammt ausschließlich aus dem Privatarchiv des Autors.

Alle Angaben sind nach bestem Wissen und Gewissen gemacht.

Weitere Bände sind in gleicher Aufmachung und Ausstattung geplant.

Kiel im Oktober 2011   Don Lange

Abkürzungen

Abs.	Absender
AK	Ansichtskarte
FP	Feldpost
Gedr.	Gedruckt
Gel.	Gelaufen
GF	Großformat
Hs	Handschriftlich
KF	Kleinformat
PK	Postkarte
RS	Rückseite
SS	Schutzstaffel
St.	Stempel
VS	Vorderseite

Wewelsburg vor 1933

W 01

W 02 / Foto-AK

W 03 / Foto-AK

W 04 / Foto

W 05 / Foto

Freiwilliger Arbeitsdienst (FAD)

W 06 / Foto-AK / Hs: 11.3.33

W 07 / Foto-AK / Hs: 11.3.33

W 08 / Foto-AK / Hs: 11.3.33

W 09 / Foto / Hs: Der Arbeitsdienst mit unserer schönen Burg

Wewelsburg 1933 – 1945

SS-Schule Haus Wewelsburg
(ab 1934)

W 10 / Foto-AK / Gel. 1937 an einen Generaldirektor nach Rumänien

W 11 / Foto-AK

W 12 / Foto-AK

W 13 / Gedr. 1934

W 14 / Gedr. 1934

W 15 / Gel. 1937

W 16 / Gel. 1941

W 17 / Gel. 1937

W 18 / Gel. 1942

W 19 / Gel. 1935

W 20 / Blick von der Burg

W 21 / Gel. 1936

W 22 / Gel. 1937

W 23 / Foto-AK

W 25 / Gel. ca. 1940

Die Wewelsburg, Kr. Büren i. W.

Wewelsburg / Westf.

Wewelsburg über Paderborn

W 30 / Gel. 1937

W 31 / Haus Graffeln / Gel. 1939

W 32 / Waldpartie bei den Parablübäumen / Gel. 1936

Dorfgemeinschaftshaus Wewelsburg

Umbau: 1935 - 1937

W 33 / Foto

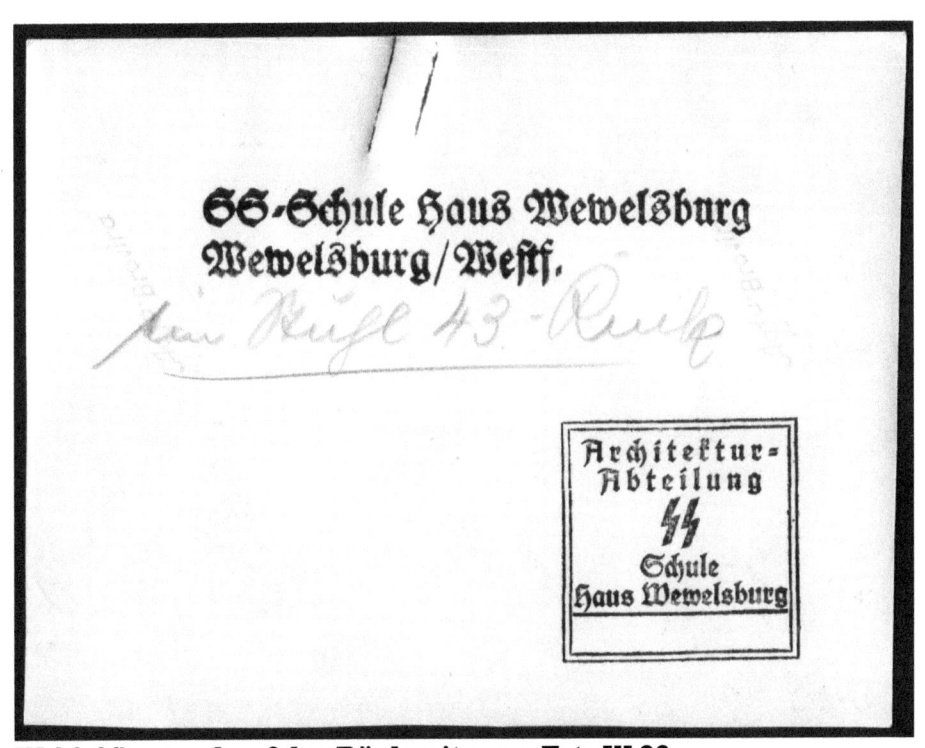

W 34 / Stempel auf der Rückseite von Foto W 33

W 35

W 36

Wewelsburg und Umgebung

Kleinfotos aus einem Fotoalbum
27.11.1939 – 30.01.1940

W 37 / Nordturm mit Baugerüst

W 38

W 39

W 40 / Hs: Die Alme

W 41 / Hs: Gemeinschaftshaus

W 42 / Hs: Zuchthäusler

W 43 / Hs: Ahden / Wehrmacht im Ort

W 44 / Hs: Ahden

Umgebung

W 45 / Brenken / Erpernburg / Alme / Gel. 1940 FP

W 46 / Jugend-Herberge Heiersburg, Paderborn / Gel. 1939

Die Wewelsburg als Titelbild

W 47 / Kleines Heft

W 48 / Kleines Buch von 1938

www.ingramcontent.com/pod-product-compliance
Lightning Source LLC
Chambersburg PA
CBHW041614220426
43670CB00001B/20